SOPRANO FANBOOK

SO
PRA
NO

Ouvrage dirigé par Florence Pierron-Boursot
Texte : Marie Poussel
Avec l'aimable autorisation de Only Pro et WarnerMusic
Conception et réalisation graphiques : Stéphanie Aguado

34-36, rue La Pérouse
75116 - Paris

www.hugopublishing.fr
ISBN : 9782755672206
Dépôt légal : octobre 2023
Imprimé en République tchèque par FINIDR

SOPRANO

MARIE POUSSEL

FANBOOK

Hugo Image

Orange Vélodrome
Orange Vélodrome
Orange Vélodrome
Orange Vélodrome

SOPRANO
14
boulanger

SOMM

Les débuts

Puisqu'il faut vivre, autant le faire avec le sourire

Flashback

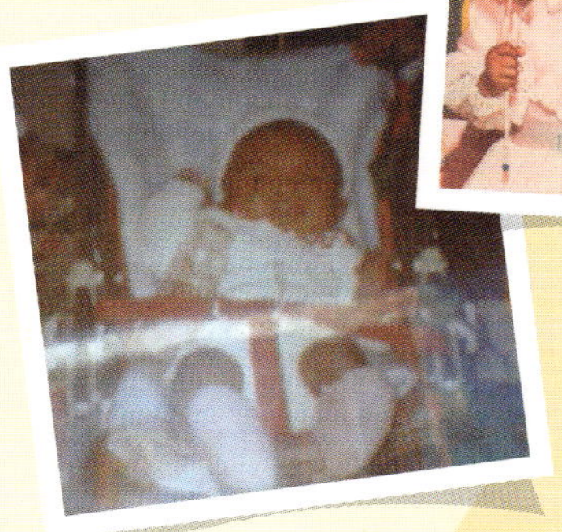

1979 : Naissance, le 14 janvier à Marseille, de Saïd M'Roumbaba.

1994 : Soprano monte son premier groupe de rap, les Psy 4 de la Rime avec Alonzo, Vincenzo et Sya Styles.

2002 : Premier album, *Block Party*, des Psy 4 de la Rime, produit par Akhenaton d'IAM. « Le son des bandits » est sa première chanson qui passe à la radio.

2007 : Sortie de *Puisqu'il faut vivre*, premier album solo avec les tubes « Halla halla », « À la bien », « Imagine-toi ».

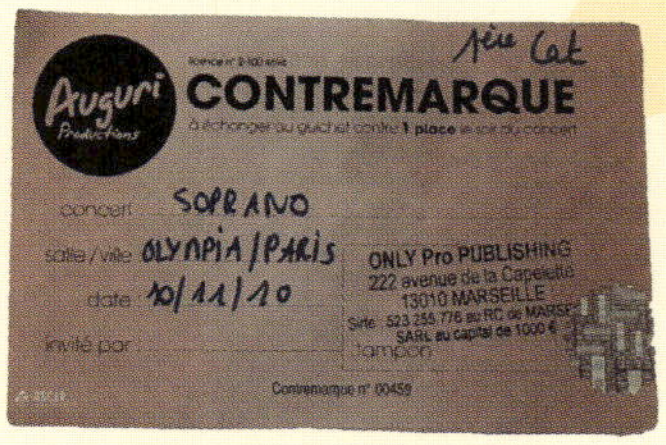

4 octobre **2010** : *La Colombe*.

13 décembre **2014** : Le quatrième album, *Cosmopolitanie*, marque un tournant dans la carrière de Soprano grâce à l'énorme succès des titres comme « Cosmo », « Fresh Prince », « Clown », « Millionnaire ».

2016 : Il intègre la troupe des Enfoirés.

14 octobre **2016** : Son cinquième album, *L'Everest*, sort.

30 septembre **2017** : Il remplit un Accor Arena Hôtel (Bercy) et son premier concert au Stade Vélodrome le 7 octobre de la même année avec 55 000 spectateurs. Il devient le premier rappeur français à remplir un stade entier et le premier chanteur français à remplir le stade Vélodrome après Johnny Hallyday. Sa tournée, L'Everest Tour, est classée comme la plus grosse tournée française de l'année 2017 avec plus de 100 dates à guichets fermés.

9 novembre **2018** : *Phœnix*.

2019 : Le Phœnix Tour. Cette nouvelle tournée l'emmène deux fois au Stade Vélodrome de Marseille, deux fois au stade Pierre-Mauroy de Villeneuve-d'Ascq, puis à Paris La Défense Arena (Nanterre), le 21 septembre 2019, devant près de 40 000 personnes.

3 septembre **2021** : *Chasseur d'étoiles*.

4 juin **2022** : Chasseur d'étoiles Tour. Il commence sa tournée par le stade de la Pontaise à Lausanne, puis continue, le 11 juin, avec un concert au Groupama Stadium à Lyon : suivent deux dates, les 18 et 19 juin 2022 au Stade Vélodrome, le 25 juin 2022 à Bordeaux, au Matmut Stadium.

6 mai **2023** : Soprano remplit le Stade de France (avec une date prévue le 2 juillet 2022, mais reportée.) Il enchaîne ensuite avec deux stades de Lille, les 24 et 25 juin 2023.

Les débuts

Depuis son adolescence, Soprano n'a pas changé d'amis. À l'image de Matéo (en pull rouge), ses proches ont évolué avec lui, se sont formés et travaillent toujours ensemble.

Il y a des moments qui changent une vie, aussi furtifs qu'ils puissent être. Ce jour-là, un camion tout simple s'est garé au milieu de la cité du Plan d'Aou, dans les quartiers Nord de Marseille. À l'horizon, le soleil fait scintiller la Méditerranée de mille feux, le ciel bleu turquoise et la lumière blanchâtre (celle qui aveugle) éclairent la colline sur la droite quand les minots du quartier regardent les couchers de soleil à l'horizon. Nous sommes à la fin des années 1990, la radio crache du funk classique, les matchs de l'OM diffusés dans les bars du quartier rythment les journées de ce quartier populaire, à quelques pas de l'endroit où a grandi l'icône du ballon rond, l'immense Zinédine Zidane. Les températures caniculaires finissent de planter le décor. Ici, les esprits sont toujours aussi chauds que le mercure (voire plus), les débats entre les jeunes au verbe haut sont interminables et rythmés par des éclats de rire et des accolades sincères, spontanées, instinctives. Une des dernières actions de Basile Boli, le dernier « son » d'IAM, tout est sujet à palabres. Cet après-midi-là, un tournoi de basket est venu casser la routine pour ces armées de petits Marseillais qui passent leurs journées d'été à faire des allers-retours à la mer grâce aux « Bus 5 francs » qui les mènent sur la plage à quelques encablures de l'Estaque. Marseille.

Une goutte de sueur perle discrètement sur le jeune Soprano, Saïd pour ses copains et ses cousins. Avec sa petite tête de gamin roublard, son tee-shirt blanc trop grand et sa casquette de côté, il a toujours un train d'avance. Malgré ses airs de petit rigolo, il s'astreint avec beaucoup de professionnalisme et de sérieux à se rêver... rappeur, alors qu'il n'a même pas 16 ans. Ce jour-là, un chemin se dessine sur le béton bouillant... le menant à ce camion. « Allez, on y va ? », lâche-t-il en donnant un coup de tête en direction du véhicule du département, censé donner dans quelques minutes les trophées d'un tournoi de basket qui vient de s'achever. Alonzo, à peine 12 ans, Sya et son cousin Vincenzo rigolent et le suivent. Le premier est « vaillant »... en football qu'il considère plus sérieusement que la musique (à cette époque), mais son style et sa dégaine, toujours bien habillé, en font déjà une star du quartier. Déjà. Et il est toujours prêt à en découdre avec ses trois autres collègues, ballon rond au pied mais surtout micro à la main. Un dernier regard entre eux, quelques copains au premier rang qui les encouragent, et les voilà en train de courir, arracher un micro (avec un fil) pour trois et commencer à rapper. « C'est la première fois que nous sommes montés sur scène, se souvient Soprano, tiraillé dans sa tête entre passion et devoirs familiaux. À la fois, on ne voulait pas que mes parents soient au courant que je faisais du rap et en même temps, nous allions rapper devant tous les gens que nous connaissions. » Envie irrépressible de l'artiste, Soprano est appelé avec sa première formation, les Psy 4 de la Rime, par son destin. Les petits « se transforment en monstres sur scène », la machine est lancée. Comme le dit Jeff, le président de l'association des locataires du plan d'Aou, « la musique quand cela tourne, cela tourne. » Soprano est happé par un tourbillon de carrière qui va le mener 20 ans plus tard sur la scène du Stade de France devant 80 000 personnes. « De la détermination plein le sac à dos », le « minot » de Marseille s'est construit « sans lâcher ses principes et ses valeurs » jusqu'à même remplir, non pas un mais déjà trois Stades Vélodrome, une consécration jamais atteinte par un artiste marseillais. Et plus de 12 stades à son actif, sans parler de centaines de Zénith, tous à guichets fermés.

Et pourtant, le fond d'écran de son portable n'a toujours pas changé. Chaque fois que « Sopra de la Psy4aaaa » (le surnom donné par ses fans de la première heure) regarde la météo, répond à un message sur WhatsApp ou au téléphone, il se voit ado en photo avec ses trois autres copains du groupe, dans ce look de rappeur des années 1990. Une piqûre de rappel pour celui qui n'a jamais perdu de vue d'où il vient et pourquoi il se retrouve à monter sur scène devant des dizaines de milliers de personnes tous les soirs pour ses concerts aux airs de grandes messes prônant le vivre ensemble. « Tout est possible quand tu sais qui tu es, rappe-t-il dans « Mon Everest ». « Tout est possible quand tu assumes qui tu es. Aujourd'hui regarde-moi regarder mes sacrifices du haut de mon Everest ».

Tee-shirt XXL et bob enfoncé sur la tête, Soprano imitait le look de ses idoles de l'époque, toujours habillé en XXL. Parmi ses références ? Les Kriss Kross, les gamins américains d'Atlanta, dont le tube « Jump » fut une révélation.

Soprano entouré de Coster, son cousin et son ombre (toujours aujourd'hui), et son meilleur ami Sya Styles, le DJ des Psy 4 de la Rime.

Zino (au sol, casquette blanche) mais aussi l'ancien DJ Mej (tee-shirt blanc au premier rang) ou encore le rappeur marseillais Mino (assis tee-shirt noir) et Djamal (debout) étaient tous des passionnés de rap notamment américain.. Le préféré de Soprano ? L'immense Nas.

adidas

adidas

Personne mieux que lui ne sait se raconter... en lyrics, lui si humble et discret dans la vie de tous les jours. Le syndrome d'une catégorie bien spéciale d'artistes : ceux qui, trop pudiques, ne se confient jamais plus que lorsque les lumières s'allument sur une scène à leur public.

« Le jour où je ne ferai plus de concerts, j'arrêterai... mais tant que l'on a des envies, des idées et de l'énergie, je serai là. Après tout, Aznavour a arrêté à quel âge ? », s'amuse Soprano, qui a fait de l'hybridation de ses influences artistiques une marque de fabrique. Un autre ingrédient pimenté de la recette de son succès. Depuis ses premiers pas dans le rap avec les Psy 4 de la Rime, il se refuse à rester cloîtré dans des enclos, envoyant valser les codes des gardiens du temple du rap français. Biberonné par la variété française, celle de Daniel Balavoine et « Tous les cris, les SOS » (qui l'ont tant aidé pendant des périodes sombres), mais aussi l'alchimie magique de Michael Jackson et de Quincy Jones dans « Thriller ». Le son pop et électro de Toto et de « Quand la musique est bonne » de Jean-Jacques Goldman. Pour décloisonner, cela décloisonne. Pendant 20 ans, Soprano s'amusera à brouiller les pistes, d'abord avec son groupe Les Psy 4 de la Rime, puis avec sa carrière solo.

L'énorme carton de *Cosmopolitanie* lui ouvrira le chemin d'une deuxième partie de carrière que même lui n'avait pas osé rêver. Celui d'une des personnalités préférées des Français, quatrième au classement général et premier des plus jeunes selon... *Le Journal de Mickey*. Il est loin le temps où le rap faisait peur car trop « gangster et underground ». Sa cour de récréation : la scène qui prend une place particulièrement prépondérante dans ses projets, au fil des tournées. Toutes correspondent à un chapitre d'un livre commencé dans le XVe arrondissement de Marseille et qui l'a emmené dans les étoiles. Un roman loin d'être fini d'écrire. Mais dont voici quelques feuillets.

L'album *Puisqu'il faut vivre* est le premier en solo pour Soprano. Le « Mélancolique anonyme » y exprime ses doutes, ses questionnements sur la société. Et invite Diam's et le Rat Luciano, des pontes du rap pour des duos.

L'album *E=2MC's* en duo avec R.E.D.K. est sorti le 20 mars 2012. Un projet sous forme de double défi : écrire les textes dans un temps record et... sans écrire les paroles sur une feuille de papier. L'opus a été enregistré de tête par les deux artistes. Une performance.

ULTRAFEX II

Les quatre fantastiques « Ma carrière, c'est une victoire collective »

Soprano n'a de cesse de le répéter, « cette histoire, même si c'est moi qui suis plus sur le devant, je ne l'ai pas écrite tout seul. J'ai monté toute cette carrière, ses tournées, avec mes trois amis d'enfance sans qui rien ne serait possible. Nous sommes 4 et, à la fin des années 90, nous nous retrouvions tous les soirs pour manger des kebabs et regarder des clips de rap. La culture américaine nous a inspirés, celle de Jay-Z et de Michael Jordan pour partir de rien et réaliser de grandes choses. À l'époque, **Majid,** surnommé Mej, a déjà arrêté l'école en 5e pour subvenir aux besoins de sa famille. Il a été plombier pendant 15 ans, pour aider sa famille et devenir un homme, un pilier sur qui tout son entourage peut compter. La musique au départ, cela n'était qu'un passe-temps pour ce grand passionné incollable sur la culture hip-hop. Il était même parti à New York sans savoir où dormir, juste pour approcher les stars du rap de la côte Est qu'il admirait. Puis il s'est formé aux métiers de la musique et s'est retrouvé DJ devant un Stade Vélodrome plein lors de mes concerts. **Djamali** était vendeur dans un magasin de sport et maintenant il gère trois sociétés, il est aussi notre *happiness manager*, la voix de la raison que tout le monde écoute. Indispensable. **Matéo**, c'est notre collègue du quartier. Il gagnait sa vie en engrangeant les commissions sur les ventes de paires de chaussettes chez Foot Locker, un des magasins de baskets les plus mythiques de Marseille, rue Saint-Ferréol, *en ville* comme on dit chez nous. Tous les samedis, tous les jeunes de ma génération s'y retrouvaient pour admirer les nouvelles Air Jordan, Air Max ou la dernière couleur des Onitsuka Tiger. C'était déjà un petit génie de commerce et de marketing, maintenant c'est un homme d'affaires avec un esprit aiguisé, il taquine les chiffres comme personne et peut monter des business plans. Sans lui, nous ne serions jamais arrivés où nous en sommes. Aujourd'hui, il donne des conférences TedX *(NDLR : programme international sur l'esprit d'entreprendre)* qui inspirent les gens. Je veux montrer que nous réussissons en équipe. Nous avons monté la société OnlyPro qui touche à tout à Marseille. On gère la carrière de sportifs, on manage des artistes comme Alonzo, Louane, on produit des artistes en développement. On se lance dans l'immobilier, on fait de la production de clips, événementielles. On a une vingtaine d'employés aujourd'hui. J'ai encore du mal à y croire. C'est une victoire collective. »

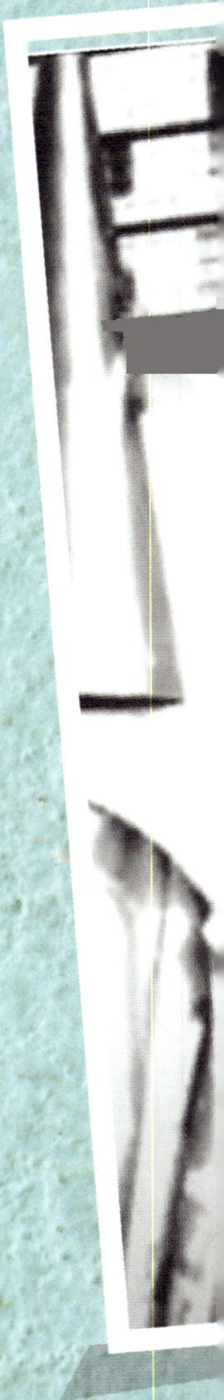

De gauche à droite sur la photo :
Saïd, Djamal, Mateo, Mej

Fan de...

Né en 1979, le petit Saïd a baigné dans la culture pop des années 80, française mais aussi américaine. Bien sûr avec ses cousins, il passe des mercredis entiers devant le *Club Dorothée* où il se forgera une forte passion pour les mangas mais aussi pour les séries comme *Le Prince de Bel Air* ou *L'Agence tous risques*. Côté musique, il s'abreuve des premiers clips vidéo diffusés sur le gros téléviseur dans le salon familial. De Michael Jackson en passant par la pop mélodique de Toto, Saïd attrape le virus de la musique. Celle qui apaise et fait s'évader.

jean-jacques goldman
LA COLLECTION
1990
2001

EMINEM

Le meilleur de
Balavoine

Michael Jackson
Thriller

Les premiers concerts… dans l'appartement !

Comme on était tous dans la même chambre quand on était petits, mes deux frères Zak et Diego étaient les premiers spectateurs de mes spectacles dans un stade imaginaire. Ils étaient aussi mes premiers fans, et c'est eux que j'ai emmenés sur scène avec moi dans toutes mes tournées. Ce n'est pas dingue, cette histoire ? Je me souviens, j'organisais des concerts et leur faisais faire les musiciens imaginaires, comme à ma sœur Sakina. On se mettait sur un grand lit dans l'appartement familial quand les adultes étaient de sortie et on se croyait sur une scène, avec des chaussettes en boule en guise de micro ou un vieux tuyau. Les raquettes de tennis trouvées dehors faisaient office de guitare. Il y avait aussi Vince, avec qui je monterai mon groupe Les Psy 4 de la Rime aussi, car c'était mon petit-cousin. Et je refaisais les concerts des Jackson 5. À force de sauter dans tous les sens, j'ai même un jour fait mal à mon frère Diego qui s'est ouvert le palais. Il a encore une trace ! Et ma sœur, je lui ai cassé le nez en gesticulant. Les pauvres, ils ont subi mes rêves de musique. J'ai toujours été un rêveur et je me voyais déjà en tournée. On n'aurait jamais cru que cela puisse arriver un jour… C'est un truc de fou de savoir que, maintenant, on part vraiment en tournée ensemble. En réalité, à cette époque, j'étais dans mes rêves, je ne faisais pas trop attention au temps présent. En fait, mon cerveau était en train de construire tout ce que je vis tous les jours aujourd'hui.

Quand j'ai commencé à partir de chez moi pour faire de la musique, je disais que j'allais descendre la poubelle, je me changeais dans le couloir pour mettre une tenue plus à la mode et je partais… deux jours ! La plus grande de mes sœurs me couvrait, la deuxième était trop petite. Je partais avec Alonzo et Vincenzo, et on commençait à faire des soirées où il y avait des concours de hip-hop. On a tenté énormément de guinguettes de quartier. Dès qu'on pouvait chanter, on y allait. Le rap à Marseille était fait à l'époque par des gens du centre-ville. Nous, on voulait prouver qu'il fallait aussi compter sur les quartiers Nord. Je m'entraînais à faire des 16 mesures, des 11, j'écoutais du rap new-yorkais. Mais quand je revenais à la maison, je me faisais éclater par mes parents [rires].

Après, quand j'ai été un peu plus grand, on a commencé à monter à Paris pour s'incruster dans les émissions de radios spécialisées, comme Générations ou Skyrock. On prenait le train sans payer. On a tout de suite voulu être très sérieux, très professionnels dans notre démarche, même si on n'y connaissait rien. On collait nous-mêmes les photos sur les cassettes, les mix tapes. On les vendait dans des snacks après les avoir calées dans un coffre de voiture.

Cosmopolitanie

L'album de la consécration, son quatrième, sorti le 13 octobre 2014 avec sa litanie de tubes : « Ils nous connaissent pas », « Cosmo », « Fresh prince », « Clown », « Millionnaire » et « Barman ». Disque d'or en un mois, platine deux mois après, diamant finalement.

La réédition de *En route vers l'Everest* annonce son pari le plus fou, son Everest à lui… « Le stade Vélodrome. Le plus grand pari de ma carrière alors que mon nouvel album n'était pas sorti. »

Qu'est ce qui a changé depuis ? Est-ce que ce sont les prémices des stades ?

Évoquer le clown, « j'aime la vérité de ceux qui portent le nez rouge. Ce n'est pas un élément marketing. D'un coup, on s'est rendu compte que si on était noir, on pouvait se faire tuer. »

L'origine du nom Soprano

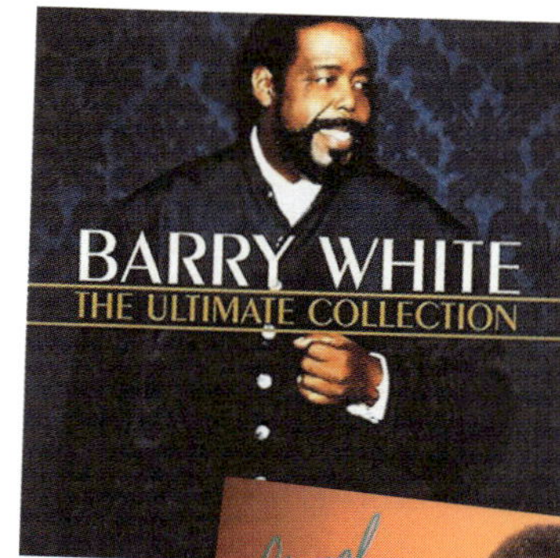

Attention, mon nom n'a rien à voir avec la série ! Même si elle est très appréciée par les rappeurs, « Soprano » vient de beaucoup, beaucoup plus loin. Depuis que je suis tout petit, je chante. À la maison, la musique tournait beaucoup à la radio. J'ai été biberonné à la voix de Barry White, de Lionel Richie, mais aussi des chants traditionnels comoriens. À côté de l'école classique, je faisais aussi des cours de madrassa. Et dans cette école coranique, mes professeurs se sont rendu compte que j'avais une voix qui portait plus que les autres. Moi, ce que j'aimais, c'était le rap, mais les rappeurs ne chantaient pas. Mais j'étais aussi fan de Balavoine et de Goldman que l'on entendait partout à la radio. Alors je me suis écouté et j'ai continué. Ma première répétition, c'était l'appel à la prière. Ma tessiture pouvait monter dans les aigus et j'ai compris qu'elle pouvait provoquer des émotions fortes à ceux qui l'écoutaient. D'ailleurs, je commençais la tournée Everest Tour en chantant sans que le public ne me voie, pour reproduire cette sensation. Mes copains me chambrent en me disant que je fais la prière en mettant la main sur mon oreille. Techniquement, je la travaille vraiment depuis 5 ans, quand j'ai commencé à m'intéresser aux techniques en étant coach de *The Voice* où j'étais entouré d'artistes avec des voix magnifiques. La dernière tournée, j'ai fait tellement de dates qu'il m'est arrivé d'être aphone à cause de la fatigue. Maintenant, je la chauffe avant de monter sur scène. Ou avant d'enregistrer des chansons en studio, parfois pendant 40 minutes. Mais je n'ai toujours pas pris de cours, je suis un autodidacte.

Soprano pose devant un gigantesque mur sur la corniche de Marseille, à son effigie en front de mer. Cette affiche est particulièrement symbolique pour lui. Quand il était un adolescent, c'était un portrait de Zidane qui y trônait. Une nouvelle consécration pour le Marseillais qui adore sa ville.

L'Everest Tour : De l'ombre à la lumière

Soprano sort de sa loge en trombe, entouré des siens, de sa famille. Tout de noir vêtu, le beau gosse réajuste la sangle de son borsalino à l'arrière de son crâne rasé. Ce chapeau mythique, qui fait maintenant partie intégrante de son identité visuelle, a remplacé la casquette des années 2000. Le pas sautillant et décidé, Zak et Diego, ses deux frères qui montent avec lui sur scène, l'entourent backstage. Ils avancent avec les musiciens dans un bazar bon enfant et en groupe, toujours. La troupe va parfois plus vite que lui, s'enflammant à un pas de course emmené par la ferveur du moment, puis ralentit pour saluer un technicien en glissant toujours un bon mot, une blagounette. Dans cet esprit festif, rythmé par des éclats de rire forts, Soprano se retrouve seul en quelques secondes, rapidement plus focus, comme si on avait appuyé sur un bouton off/on. Contrairement aux apparences de ce gentil désordre, ce ballet est ultra-millimétré et chaque personne connaît exactement sa place et sait quoi faire, quand s'effacer. L'artiste se concentre encore un peu plus. Même Coster, son garde du corps, son cousin, son ombre depuis la cour de l'école, fait un pas de côté. Le temps se suspend pour quelques instants, le calme prend ses aises avant la tempête, la fête à tout casser. Soprano réajuste ses « ears », l'anglicisme utilisé par les professionnels pour nommer les oreillettes faites sur-mesure. « Attention, 4, 3, 2, 1, c'est parti et bon concert », énumère le régisseur pour sonner le début de la partie. « Est-ce que vous êtes chauds ce soir ? », lancent déjà ses deux frérots passés de l'autre côté de la scène, sous les projecteurs.

La rumeur émanant des discussions du public se transforme en grondement sourd flirtant avec des cimes de décibels. « Sopranooo, Sopranoooo », scande maintenant son public, chauffé par l'introduction musicale de l'Everest. À seulement 5 mètres, Saïd, tapi dans l'ombre, ferme les yeux, lève sa tête vers le ciel et se met à chanter... sans que son public ne le voie. La métamorphose en Soprano est lancée à cet instant même, révélée par l'adrénaline du live. Celui que des milliers de fans présents sont venus approcher de près, souvent après des heures de voiture, de train... est en route aussi. Dès la première seconde où l'intonation de sa voix retentit, le son s'échappant de la marée humaine se transforme en tonnerre grave. L'énergie contagieuse est à son comble, circule dans toute l'enceinte de la salle de spectacle. Soprano sourit et passe sur le devant de la scène en sprintant. Entre les coulisses et la salle, une immense montagne, son « Everest » plante le décor. Cette hauteur enneigée symbolise ce nouveau chapitre de sa carrière, cette bascule qui l'a fait passer de rappeur reconnu à une des personnalités les plus populaires de France, la préférée des enfants selon la référence en la matière, *Le journal de Mickey* qu'il lisait gamin. « Si je fais des albums, c'est pour pouvoir monter sur scène et faire des tournées », répète-t-il. Et avec l'Everest Tour, le petit Comorien des quartiers Nord, le rêveur dans son monde est devenu le patron « Sopra », l'artiste aux millions de disques vendus (mais qui garde ses disques de diamant et d'or dans son garage et jamais affichés dans sa maison par humilité). Là, ce papa de quatre enfants touche du doigt la plus belle des reconnaissances : ce public qui vient le voir sur scène en

DÉCIBELS PRODUCTIONS & ONLY PRO PRÉSENTENT
•SOPRANO•
EN CONCERT
DÉPASSEMENT DE SOI
NOUVEL ALBUM L'EVEREST DISPONIBLE
FNAC.COM – CARREFOUR – TICKETMASTER.FR – DIGITICK.COM – DECIBELSPROD.COM & POINTS DE VENTE HABITUELS
W9
Music
dp
DÉCIBELS PRODUCTIONS
ONLY PRO
Parlophone
fnac
SKYROCK
PREMIER SUR LE RAP
skyrock.fm

Son rêve se réalise. Désormais Soprano chante devant des milliers de personnes pour leur donner du baume au cœur. Des chansons comme « Dingue » sont spécialement écrites pour faire la fête sur scène.

famille. Enchaînant parfois plus de trois heures de show, l'éternel gamin est dans son élément. Et vit un sommet de carrière que même lui n'avait jamais imaginé, celui de transformer ses plus grandes envies de mise en scène en une réalité. Cette immense montagne enneigée qu'il plantera au milieu du Stade Vélodrome en est la preuve solide, concrète, irréfutable. « Mon Everest raconte mon parcours et j'espère que cela inspirera des jeunes pour ne rien lâcher et réussir leurs rêves, glisse-t-il en coulisse. Pour grimper au sommet de cet Everest, j'ai grimpé, grimpé peut-être même plus que d'autres. J'ai beaucoup travaillé, je suis resté très proche de ma famille, cela m'a donné beaucoup de forces. Je chante ce que je suis, je ne pourrai jamais chanter ce que je ne suis pas. »

Les tournées pour cet humaniste sont l'aboutissement de tous ses efforts, la communion la plus forte avec les gens. « Quand on fait toutes ces promos, toutes ces choses que je réussis, ce n'est pas pour se remplir les poches, mais juste pour faire les spectacles de mes rêves. J'adore mélanger, le temps d'un show, du rap (il n'oublie jamais de faire des medleys des chansons des Psy 4 de la Rime de ses débuts), de la danse, des acrobaties, un peu d'opéra, un peu de jokes avec mes frères, un bon décor, des belles images et un beau message. » Des spectacles qui demandent des mois de préparation, de réflexions pour arriver à approcher au plus près de ce qu'il souhaite. Lui qui a commencé sa carrière à 16 ans, en montant sur des planches devant parfois une dizaine de personnes et avec seulement un DJ et un micro à fil pour trois rappeurs.

Le Marseille de Soprano

Marseille m'a construit, je la connais en long, en large et en travers, ma ville. Pour rien au monde, je ne vivrais ailleurs. Quand j'étais jeune, je pouvais marcher des heures en pleine nuit après les soirées hip-hop pour rentrer chez moi, car il n'y avait plus de bus. De L'Affranchi, à deux heures du matin, on arrivait sur La Canebière et après on devait encore marcher deux ou trois heures pour rejoindre le Plan d'Aou, dans les quartiers Nord.

• Les Goudes pour la chanson « Roule ». C'est un terrain de basket mythique, un des plus beaux du monde car il est à flanc de falaise sur la mer. C'est là aussi où je me cache pour écrire.

• Escalier en fer rouge du Vieux-Port, mon premier clip solo et aussi un endroit mythique qui n'existe plus puisque c'est l'endroit où a été tourné « Petit Frère » d'IAM.

• Notre-Dame de La Garde pour le clip *Cosmo*.

• Plan d'Aou pour ma jeunesse.

• Le Vélodrome.

Les Balustres, puis AirBel et la ligne de bus, celle qui reliait les quartiers Nord au centre-ville, le numéro 26.

• Palais Longchamp
pour « Ils nous connaissent pas ».

• L'Affranchi pour mon premier
concert avec Les Psy 4 de la Rime.

Le Vel,

le berceau de ma vie marseillaise

C'est un lieu emblématique, de rassemblement, que tous les Marseillais connaissent par cœur, car nous y allons toute notre vie. La première fois que je l'ai découvert, j'étais un jeune écolier. Tous les ans depuis 1948, à la fin de l'année scolaire, tous les petits Marseillais déguisés avec des costumes en papier crépon faisaient un spectacle devant des centaines de parents dans les tribunes. Je me souviens qu'on devait marcher à un pas presque militaire et très sérieux en dessinant des figures au sol. Du ciel, cela faisait des formes de fleurs.

Ensuite, quand j'étais adolescent, j'ai passé beaucoup de temps dans les virages pour soutenir mon équipe… l'OM, bien évidemment. J'y allais avec mes cousins, on est tous des supporters passionnés et chaque match était une fête. Soit on se débrouillait pour avoir des places pas trop chères via les clubs de supporters, comme le MTP (Marseille Tout-Puissant) et assister au match en entier, soit on regardait la première mi-temps au snack à côté sur une petite télé qui le retransmettait et, ensuite, les agents de sécurité nous laissaient rentrer pour voir la deuxième mi-temps. Ce sont des souvenirs extraordinaires. Jamais je n'aurais pu imaginer à l'époque que je le remplirais à moi tout seul en tant que chanteur… et plusieurs fois !

Le premier clip *Halla Halla*. À la base, c'était interdit d'aller sur la pelouse quand on a tourné ce clip. On ne devait rester que dans les couloirs, on n'avait pas les clés pour aller sur le terrain. Mais un monsieur qui faisait du nettoyage avait les clés… Et on l'a gratté, on l'a gratté comme jamais… Après lui avoir retourné le cerveau, il a pris un risque, mais nous a ouvert et on a pu tourner. Dans l'équipe, on avait aussi un peu des excités des quartiers, mais franchement, ils ont tous assuré. Il n'y a pas eu de dégâts.

« Si tu veux savoir où tu vas, il ne faut pas oublier d'où tu viens. Un arbre ne tombe jamais si ses racines sont solides", résume Soprano. En remplissant le Stade Vélodrome, Marseille est Soprano. Un gamin de banlieue qui n'a jamais rien lâché pour gravir son Everest, le nom de son album qui lui a permis de goûter à l'ivresse des cimes. Emmenant avec lui toute sa ville avec son message positif et bienveillant. »

Dans les bureaux de la société Only Pro, Soprano et son équipe ont décoré une de leurs salles de réunion d'un gradin gris béton du Stade Vélodrome. Au-dessus sont exposés des maillots de foot collectors de joueurs mythiques.

Pour Soprano, c'est encore la découverte d'une nouvelle partie du Stade Vélodrome qui s'offre à lui avec son premier concert. Après la pelouse, quand il était petit, et les gradins en tant que supporter de l'OM, il s'émerveille cette fois en rentrant dans l'antre le plus mythique de l'enceinte… les vestiaires !

NIKE F.C.

Le « pass » de la tournée, distribué aux équipes et aux proches de Soprano, permet de rentrer dans les coulisses. Celui du premier stade Vélodrome est gardé par ceux qui y étaient comme une relique d'une date historique.

Le premier Stade Vélodrome

On l'a fait ! J'avoue que sur ce coup-là, avec mon équipe, on s'est un peu enflammés et peu de gens y croyaient. Quand on a eu l'idée, l'album *L'Everest* n'était même pas sorti et c'est lui qu'on avait l'intention de jouer. Le fait de remplir le Stade Vélodrome, cela représente un symbole fort pour les gens des quartiers populaires d'où je viens. L'idée, c'est de leur donner de la force et de l'espoir. Qui aurait pu croire il y a quelques années qu'un petit Marseillais des quartiers Nord d'origine comorienne allait être le deuxième artiste français après Johnny Hallyday à le remplir ? La location d'un stade coûte très cher et il faut qu'il soit quasiment plein pour qu'il soit rentable. Toutes les semaines, avec mon équipe, on regardait le taux de remplissage et nous avons finalement été complets quelques jours avant le Jour J ! C'était historique. Quand je suis monté sur scène et que j'ai vu ce stade rempli pour moi, j'en ai eu le tournis. Et le truc fou, c'est que mon équipe m'avait fait une surprise : Zizou est venu me saluer avant que je monte sur la scène, au sommet d'une immense montagne, L'Everest, mon Everest donc. À titre personnel, c'était aussi le premier de mes concerts que voyait mon père. Je pense qu'il a réalisé à ce moment-là ma popularité et qu'il a été fier du discours de vivre ensemble et de valeurs que je fais passer. Ma mère, à ses côtés, elle faisait la danse avec le doigt comme John Travolta pendant tout le show. C'est cela ma plus grande fierté.

Cela a changé le fil de l'histoire, pas seulement pour moi mais pour l'histoire de la musique urbaine. Puisqu'avec mon équipe, on a réussi à le faire, cela a donné des envies, de la motivation à d'autres artistes qui l'ont fait depuis, comme Jul ou SCH ou encore Bigflo et Oli à Toulouse, dans leur ville.

Des mois avant la date, l'affiche de l'annonce du premier Vélodrome de « Sopra » trônait devant l'entrée du stade. De quoi immortaliser l'événement devant en selfie… Un exercice auquel se sont prêtés les Marseillais… dont Soprano lui-même !

Soprano, l'arrêteur de pluie

Si je ne suis pas chanceux… il faudra qu'on m'explique ! S'il y a bien une hantise qu'ont tous les artistes qui font des concerts en plein air, c'est la météo. Et pas de chance, à mon deuxième Vélodrome, ou le jour du Stade de France, les prévisions ne souffraient pas de bémol : il allait pleuvoir des trombes d'eau qui allaient gâcher la fête. Aussi incroyable que cela puisse paraître, à chaque fois, les intempéries ont stoppé avant le début et ont recommencé juste à la fin. Cela est aussi arrivé deux fois lors de concerts au festival d'Asalfo des Magic System, en Côte d'Ivoire. Maintenant, même si les prévisions sont horribles, plus personne, et surtout pas moi, ne s'inquiète. Mais je ne sais pas comment c'est possible !

Le Stade de France : caché pendant des heures à quelques pas du public

Comment imaginer qu'un petit gars des quartiers Nord comme moi puisse un jour remplir un Stade de France à Saint Denis ? Cela me paraît encore incroyable. Pour moi, le Stade Vélodrome a ouvert des portes aux autres artistes français, car on a prouvé que l'on pouvait remplir de grandes enceintes, comme les stars internationales. Mais le Stade de France, c'était encore autre chose, très très fort pour moi à titre personnel. Comme pour toute la tournée, Chasseur d'Étoiles, j'ai décidé de mettre la scène au milieu de la fosse, avec huit écrans de chaque côté pour que n'importe où dans le public, on se sente près de nous. J'ai imaginé cela un matin avec des bols de petits déjeuners sur une table, avec mon associé Matéo qui m'a suivi dans mes folies comme d'habitude. Le problème, c'est que cela m'oblige à y être avant que les premiers spectateurs arrivent. Pour ne pas qu'ils me voient, je suis resté planqué des heures. Sur des petits écrans de contrôle pour la sécurité, on voyait les gens arriver et ils ne savaient pas que j'étais juste à côté. Avec mes collègues, on jouait aux cartes pour faire passer le temps, et on entendait le brouhaha de la foule se faire de plus en plus fort autour de nous. Sur une date à Bordeaux, on m'a déjà caché dans une caisse de transport et on l'a poussée au milieu de la foule, sans que personne ne sache que j'étais dedans.

Ce n'est pas la première fois que je fais ce coup ! À moindre échelle évidemment, mais j'ai déjà joué à cache-cache avec les personnes qui viennent me voir. Déjà, dès mon premier concert, je passais toute la première partie caché sous un drap et personne ne me voyait. J'ai changé de dimension, mais la technique est la même ! Cela tuait, l'effet de surprise marchait déjà super bien.

Après les sommets de haute montagne, Soprano et sa bande reviennent en vaisseau spatial sur Terre grâce à l'ordinateur de bord du vaisseau spatial « Le frégate ».

Chasseur d'étoiles

Soprano s'assoit sur son canapé devant la télé à côté de sa fille, jeune adolescente. Le confinement lui permet pour la première fois depuis qu'il a 14 ans de faire une pause sans concert. Nous sommes en 2020. Un regard sur le petit écran et une question surgit : « Mais tu regardes quoi là ? Mais c'est pour moi cela ! » Comme toute sa génération, Inaya est folle de *Stranger Things*, cette série qui fait un carton mondial en surfant sur les codes de la culture pop des années 1980... Groupe de copains comme ceux des *Goonies*, vélos comme dans *E.T., l'extra-terrestre*, Walkman et téléphone cellulaire à fil... tout y est parfaitement reproduit. Un saut dans le temps à l'époque où le jeune Saïd avait le même âge que sa fille. Toujours l'artiste y voit une passerelle entre les deux générations pour sa tournée « Chasseur d'Étoiles » et joue à fond la carte de ce retour à la mode. « J'ai adoré ce délire nostalgique des années 1980. En travaillant en studio, on regardait la série *Magnum*, le *Club Dorothée*, les mangas de mon enfance, *X-Or*, *Bioman*, mais aussi des films comme *Scarface*. On a réécouté du Toto, les anciens Goldman, Balavoine, ce qui a donné la couleur aux chansons. "La Boum"

avec une référence à Sophie Marceau, calibrée pour se défouler sur scène. Il y a aussi un slow alors que ça ne se fait plus du tout, un morceau de rap intitulé "Bruce Lee". C'est mon adolescence. Choisir cette période, c'est également faire un lien avec la jeune génération, comme celle de ma fille qui trouve toute cette culture fraîche et stylée. La série *Stranger Things* a fait beaucoup dans cette tendance, mais aussi The Weeknd avec ses albums *After Hours* ou Dua Lipa qui cartonnent avec des sonorités de cette époque ». Pour le début du show, Soprano qui imagine toujours un lien entre ses différents albums, puis ses shows, comme autant de chapitres d'un seul et même roman, a trouvé la trame. Après avoir gravi l'Everest, quelle était l'autre marche ? Les étoiles bien sûr ! « L'idée de partir dans l'espace m'est venue en regardant le film *Les gardiens de la galaxie*, ce qui nous a permis d'enfiler des looks à la Han Solo de *Star Wars*. Et bien sûr, je continue avec mes textes à faire passer mon message dans mon premier single en chantant sur l'air d'un tube du groupe mythique Gold : Un peu plus près des étoiles/Là où les rêves n'ont pas de frontière. »

La garde (très) rapprochée de Soprano. De gauche à droite : Dj Carlton, Coster et Saïd (membres de sa sécurité) et Zino.

Soprano fait une pause. Les répétitions viennent de se terminer. Le lendemain, il remplira son premier Stade de France. Ses envies de scène centrale, imaginée en jouant avec des bols de petits-déjeuners quelques mois plus tôt, sont désormais concrétisées.

SOPRANO

Rêves
Intégrité
Comores
Humilité
Massilia
Psy4
OnlyPro
Élévation
Tolérance
Positivité
Quartiers
Solidarités
Humanité
Cousins
Métissage
Hiro Nakamura

Fondation
À la bien
Ensemble
Passion
IAM
Soudé
Clown
Travail
Valeurs
Force
Fou rire
Famille
Respect
Principes
Rires
Chant
Everest
Dépassement de soi

Minots
Stades
Zizou
Kwell

86

Dans la LOGE de Soprano

Un thé au gingembre dans une gourde hermétique pour la voix, avec un pot de miel en tube.

Il mange léger des plats équilibrés avant le spectacle.

Un de ses plus gros challenges : faire attention à sa voix. «Pendant le même show, je rappe puis je chante. Je change souvent ma tessiture de voix, c'est donc très important d'y faire attention. Surtout quand on enchaîne jusqu'à cinq dates par semaine. Pendant la journée, je reste concentré. Il arrive que je ne parle à personne pour la préserver. Mon public donne de l'argent pour venir me voir, je dois être au top. Je me prépare comme un sportif. Il y a plusieurs groupes de fans qui achètent toutes les dates de concert. J'en suis hyper reconnaissant. »

Son ordinateur ouvert sur la table basse pour écouter ses dernières productions.

Une télé allumée pour l'ambiance en fond sonore.

Des fruits frais et des fruits secs pour la force.

S

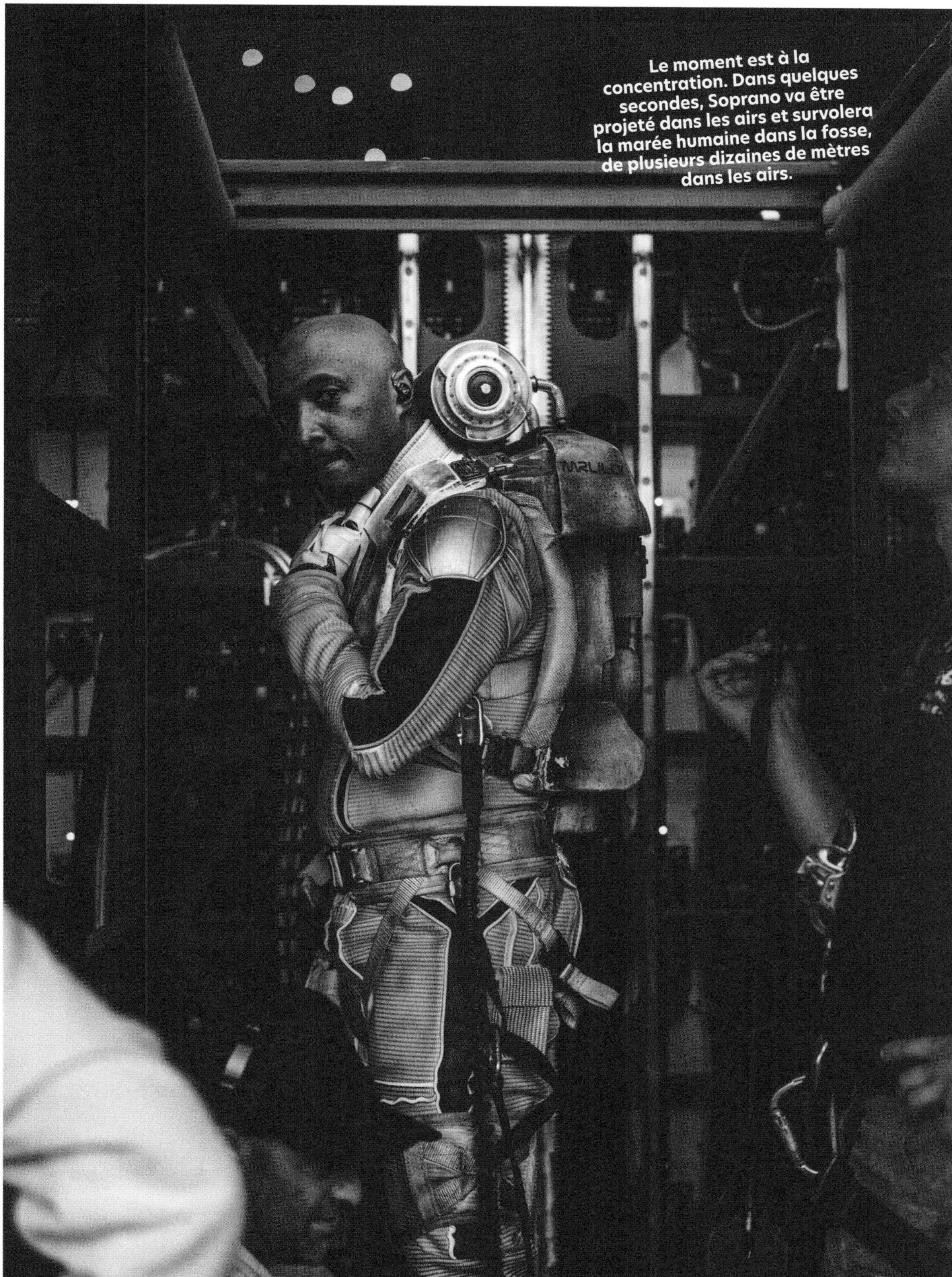

Le moment est à la concentration. Dans quelques secondes, Soprano va être projeté dans les airs et survolera la marée humaine dans la fosse, de plusieurs dizaines de mètres dans les airs.

FREGATE

NOSAUR
ERA
REDSKINS

« Chez nous, on fait des hits depuis l'époque de la marelle. Oui je sais, je vieillis pas, on m'appelle Sopra'Pharrell »
« Fresh Prince », 2014

On me demande souvent comment cela se fait que je ne vieillis pas. Au niveau du visage, je dois bien avouer que depuis que je suis petit, j'ai un peu le même. Et même aujourd'hui, ma mère voit mes petits frères plus vieux que moi. Mais alors, je vais vous dire un secret... je ne fais pas de cure ni de chirurgie, mon secret, tout le monde peut l'appliquer : c'est le rire et ne pas se prendre la tête. Je rigole toute la journée avec mes amis, ma famille et c'est la meilleure des crèmes de beauté. Tout comme Pharrell Williams, qui semble toujours avoir le même âge !

« J'avoue, j'ai gardé mon âme d'enfant et je n'arrête pas de rigoler avec mes proches. J'aime toujours autant les mangas et les jeux vidéo. »

Phœnix Tour

Soprano a décidé de se défier avec des shows aux mises en scène de plus en plus spectaculaires. Avec le « Phœnix Tour », passé par l'U Aréna de Nanterre (Hauts-de-Seine), la plus grande salle d'Europe avec 40 000 places, Soprano touche du doigt la réalisation de tous ses désirs artistiques. Grâce à un immense mur de lumière en fond de scène, il peut voyager dans le temps et un peu partout dans le monde. Derrière lui s'enchaînent les ambiances au fil des chansons. Il peut ainsi se promener sur les hauteurs de Rio pour le morceau « Zoom » en duo avec Niska, ou dans une villa de milliardaire à Hollywood pour « Fresh Prince » en clin d'œil à la série culte *Le Prince de Bel-Air* portée par Will Smith. À cela s'ajoutent même des démonstrations de cirque dignes du Cirque Soleil et, bien sûr, encore et toujours des blagounettes avec ses deux frères « qui le suivent depuis l'époque des couches ». Un spectacle global. Un show de plus de 2 h 45 qui prend des airs de performance de sportif de haut niveau.

Tous les étés, c'est la même histoire. Les concerts dans les arènes de Nîmes laissent toujours des souvenirs indélébiles à près de 12 000 personnes. Après un Cosmo Tour enflammé, les dates des autres tournées qui ont suivi dans ce lieu chargé d'histoire restent parmi les plus explosives. Celle du Chasseur d'Étoiles Tour n'a pas échappé à la règle.

« À quoi peut-il bien penser en train de chanter sur une passerelle qui vole à plusieurs mètres au-dessus d'une foule en délire ? Seul Soprano le sait, lui qui aime toujours relever de nouveaux défis pour faire s'évader son public. Loin des problèmes du quotidien. »

BDR
Bureau Des Rermerciement

« À NOS HÉROS DU QUOTIDIEN » S'OFFRE UNE SECONDE VIE

Mais comment j'ai été surpris quand je me suis rendu compte de la deuxième vie de ce titre pendant le confinement. C'est sûrement ce qu'on appelle la magie d'Internet. Quand j'ai vu la chanson devenir virale pour remercier les soignants pendant la crise du Covid, cela m'a énormément touché. Tout le monde peut compter sur des héros bien à soi. Mon premier, c'est mon professeur de madrassa, à l'école religieuse chez nous les petits Comoriens. Il m'a inculqué tellement de choses vitales : lire, me comporter, la religion, être toujours ouvert sur le monde et surtout toujours réfléchir au fond des choses, ne jamais appliquer bêtement des comportements sans les comprendre. Il a mis une lumière sur un chemin trop obscur pour que je le voie. Moi, qui étais souvent déprimé jeune.

Et puis il y a eu cette Madame Monier, une professeure de français géniale au collège. Elle nous a fait étudier la poésie des mots de MC Solar. « L'as de trèfle qui pique ton cœur… » Quelle merveille ! Et Cabrel aussi avec son « Je viens du ciel et les étoiles entre elles ne parlent que de toi ». C'est elle qui m'a donné l'amour des mots, elle a cru en moi, m'a poussé. C'est là que j'ai commencé vraiment à écrire partout sur des cahiers d'écolier.

À nos héros du quotidien

« Initialement sortie en 2019, cette chanson a vécu une deuxième vie pendant le confinement. Pour beaucoup de Français, la musique les a aidés à tenir pendant cette période. Et le titre de Soprano était parmi les plus écoutés dans l'Hexagone avec « Résiste » de France Gall et « Ils sauvent des vies » de Jean-Jacques Goldman. »

BDR

chop ta Lang

« Je voulais vous dire merci à vous, mes héros du quotidien, qui êtes toujours présents à me soutenir et surtout mettre en lumière tous « nos héros du quotidien », car on ne le fait pas assez souvent et Dieu sait comme ça fait du bien à l'âme, un mot, un sourire, un geste, une histoire, et la vie d'un inconnu ou d'un proche peut être changée à tout jamais, donc merci à toi, à lui, à elle et à vous ! »

La chanson

... pour célébrer l'amitié

No me mires mas

... pour faire du sport

Le coach

...pour se motiver

L'Everest

...pour se défouler

Dingue

La boum

... pour rendre hommage à nos disparus

Roule

... pour se rappeler ce qui se passe ailleurs

Imagine-toi

Ouvrez les frontières

... pour se remonter le moral

En feu

...pour visiter Marseille

À la bien

Marseille, c'est...

QUIZ

Connais-tu vraiment Soprano ?

1. Quel artiste a lancé Soprano et ses potes au tout début des années 2000 ?

a) JoeyStarr de NTM
b) Akhenaton de IAM
c) Johnny Hallyday

2. Le premier album de Soprano s'appelle :

a) *Puisqu'il faut vivre*
b) *L'Everest*
c) *Rappeur de ton cœur*

3. Dans l'album *Cosmopolitanie*, un seul chanteur ne vient pas du Sud. Mais qui donc ?

a) Jul
b) Black M
c) Marina Kaye

4. Complète les paroles de la chanson « Le coach » : Ne t'arrête pas quand t'as mal, mais…

a) Plutôt quand t'as tout donné, oui tout donné
b) Plutôt quand t'as tout bazardé, oui tout bazardé
c) Plutôt quand t'as tout fumé, oui tout fumé

5. **Tu connais par cœur l'album *L'Everest* de Soprano, oui ? Mais c'est quoi, l'Everest, en vrai ?**

a) Le plus long fleuve d'Asie
b) Le plus haut sommet du monde
c) Un quartier Nord de Marseille

6. **Quelle chanson de l'album *L'Everest* est représentée par cet émoji 🗣 ?**

a) « Postillon »
b) « Le cri »
c) « Parle-moi »

7. **En mai 2023, Soprano s'est produit sur la scène du :**

a) Stade de France
b) Stade de Marseille
c) Stade des Enfoirés

8. **Complète les paroles de la chanson « Cosmo » : Où sont les filles, les femmes…**

a) Aux sourires de mémères ?
b) Au sale caractère ?
c) Au tempérament de guerrières ?

9. **Soprano a joué dans un film qui se passe dans la cité phocéenne. Lequel ?**

a) *Speed 3*
b) *Taxi 5*
c) *Plus belle la vie*

10. **Soprano adore Daniel Balavoine et une chanson en particulier. Laquelle ?**

a) « Mon fils ma bataille »
b) « L'Aziza »
c) « Tous les cris les S.O.S »

11. **Soprano aime bien faire des duos. Mais avec quel artiste n'a-t-il jamais chanté ?**

a) Kendji Girac
b) Matt Pokora
c) Stromae

12. **Le pseudo de Saïd, c'est Soprano. Mais c'est quoi, une voix de soprano ?**

a) Une voix aiguë
b) Une voix grave
c) Une voix moyenne

13. **Combien de disques de diamant ont couronné les sept albums de Soprano, soit plus de 500 000 ventes pour chacun ?**

a) 1
b) 3
c) 5

14. **En 2023, Sopra part en tournée, peut-être même dans ta ville. Mais quel est le titre de son dernier album ?**

a) *Plus près des étoiles*
b) *Chasseur d'étoiles*
c) *Étoile des neiges*

Réponses : 1. b ; 2. a ; 3. b ; 4. a ; 5. b ; 6. c ; 7. a ; 8. c ; 9. b ; 10. c ; 11. c ; 12. a ; 13. b ; 14. b.

CRÉDITS PHOTOGRAPHIQUES

h : haut, m : milieu, b : bas, g : gauche, d : droite

REMERCIEMENTS

À l'équipe d'Only Pro, Décibels Productions, Marie Poussel et à Soprano pour son temps passé à nous raconter des anecdotes inédites autour de sa carrière.
Warner Music

Remerciements à Soprano pour sa disponibilité, sa gentillesse et d'avoir permis d'être aux premiers rangs de son incroyable parcours, à l'équipe de choc Soso aka Mathieu et Naïma, à Matéo, Zino, Djamal pour leur confiance inébranlable, à Lead pour son solide soutien, à Coster pour sa gentillesse et aux trublions Zak et Diego, pour nous faire toujours autant de bien en rigolant. À Léa Perret chez Warner pour son abnégation. Et à Olivia, « ma sister », alliée de tous les jours.
Marie Poussel

ANBOOK SOPRANO FANBOOK SOPRANO FANBOOK SOPRANO FANBOOK SOPRANO FANBOOK S
OPRANO FANBOOK SOPRANO FANBOOK SOPRANO FANBOOK SOPRANO FANBOOK SOPRANO F
ANBOOK SOPRANO FANBOOK SOPRANO FANBOOK SOPRANO FANBOOK SOPRANO FANBOOK S
OPRANO FANBOOK SOPRANO FANBOOK SOPRANO FANBOOK SOPRANO FANBOOK SOPRANO F
ANBOOK SOPRANO FANBOOK SOPRANO FANBOOK SOPRANO FANBOOK SOPRANO FANBOOK S
OPRANO FANBOOK SOPRANO FANBOOK SOPRANO FANBOOK SOPRANO FANBOOK SOPRANO F
ANBOOK SOPRANO FANBOOK SOPRANO FANBOOK SOPRANO FANBOOK SOPRANO FANBOOK S
OPRANO FANBOOK SOPRANO FANBOOK SOPRANO FANBOOK SOPRANO FANBOOK SOPRANO F
ANBOOK SOPRANO FANBOOK SOPRANO FANBOOK SOPRANO FANBOOK SOPRANO FANBOOK S
OPRANO FANBOOK SOPRANO FANBOOK SOPRANO FANBOOK SOPRANO FANBOOK SOPRANO F
ANBOOK SOPRANO FANBOOK SOPRANO FANBOOK SOPRANO FANBOOK SOPRANO FANBOOK S
OPRANO FANBOOK SOPRANO FANBOOK SOPRANO FANBOOK SOPRANO FANBOOK SOPRANO F
ANBOOK SOPRANO FANBOOK SOPRANO FANBOOK SOPRANO FANBOOK SOPRANO FANBOOK S
OPRANO FANBOOK SOPRANO FANBOOK SOPRANO FANBOOK SOPRANO FANBOOK SOPRANO F
ANBOOK SOPRANO FANBOOK SOPRANO FANBOOK SOPRANO FANBOOK SOPRANO FANBOOK S
OPRANO FANBOOK SOPRANO FANBOOK SOPRANO FANBOOK SOPRANO FANBOOK SOPRANO F
ANBOOK SOPRANO FANBOOK SOPRANO FANBOOK SOPRANO FANBOOK SOPRANO FANBOOK S
OPRANO FANBOOK SOPRANO FANBOOK SOPRANO FANBOOK SOPRANO FANBOOK SOPRANO F
ANBOOK SOPRANO FANBOOK SOPRANO FANBOOK SOPRANO FANBOOK SOPRANO FANBOOK S
OPRANO FANBOOK SOPRANO FANBOOK SOPRANO FANBOOK SOPRANO FANBOOK SOPRANO F
ANBOOK SOPRANO FANBOOK SOPRANO FANBOOK SOPRANO FANBOOK SOPRANO FANBOOK S
OPRANO FANBOOK SOPRANO FANBOOK SOPRANO FANBOOK SOPRANO FANBOOK SOPRANO F
ANBOOK SOPRANO FANBOOK SOPRANO FANBOOK SOPRANO FANBOOK SOPRANO FANBOOK S
OPRANO FANBOOK SOPRANO FANBOOK SOPRANO FANBOOK SOPRANO FANBOOK SOPRANO F
ANBOOK SOPRANO FANBOOK SOPRANO FANBOOK SOPRANO FANBOOK SOPRANO FANBOOK S
OPRANO FANBOOK SOPRANO FANBOOK SOPRANO FANBOOK SOPRANO FANBOOK SOPRANO F
ANBOOK SOPRANO FANBOOK SOPRANO FANBOOK SOPRANO FANBOOK SOPRANO FANBOOK S
OPRANO FANBOOK SOPRANO FANBOOK SOPRANO FANBOOK SOPRANO FANBOOK SOPRANO F
ANBOOK SOPRANO FANBOOK SOPRANO FANBOOK SOPRANO FANBOOK SOPRANO FANBOOK S
OPRANO FANBOOK SOPRANO FANBOOK SOPRANO FANBOOK SOPRANO FANBOOK SOPRANO F
ANBOOK SOPRANO FANBOOK SOPRANO FANBOOK SOPRANO FANBOOK SOPRANO FANBOOK S
OPRANO FANBOOK SOPRANO FANBOOK SOPRANO FANBOOK SOPRANO FANBOOK SOPRANO F
ANBOOK SOPRANO FANBOOK SOPRANO FANBOOK SOPRANO FANBOOK SOPRANO FANBOOK S
OPRANO FANBOOK SOPRANO FANBOOK SOPRANO FANBOOK SOPRANO FANBOOK SOPRANO F
ANBOOK SOPRANO FANBOOK SOPRANO FANBOOK SOPRANO FANBOOK SOPRANO FANBOOK S
OPRANO FANBOOK SOPRANO FANBOOK SOPRANO FANBOOK SOPRANO FANBOOK SOPRANO F
ANBOOK SOPRANO FANBOOK SOPRANO FANBOOK SOPRANO FANBOOK SOPRANO FANBOOK S
OPRANO FANBOOK SOPRANO FANBOOK SOPRANO FANBOOK SOPRANO FANBOOK SOPRANO F
ANBOOK SOPRANO FANBOOK SOPRANO FANBOOK SOPRANO FANBOOK SOPRANO FANBOOK S
OPRANO FANBOOK SOPRANO FANBOOK SOPRANO FANBOOK SOPRANO FANBOOK SOPRANO F